AF502852

82

DESCRIPTION
DES FESTES
DONNÉES
PAR LA VILLE DE PARIS,

A l'occasion du Mariage de MADAME LOUISE-ELISABETH
DE FRANCE, & de DOM PHILIPPE, Infant & Grand
Amiral d'Espagne, les vingt-neuviéme & trentiéme
Août mil sept cent trente-neuf.

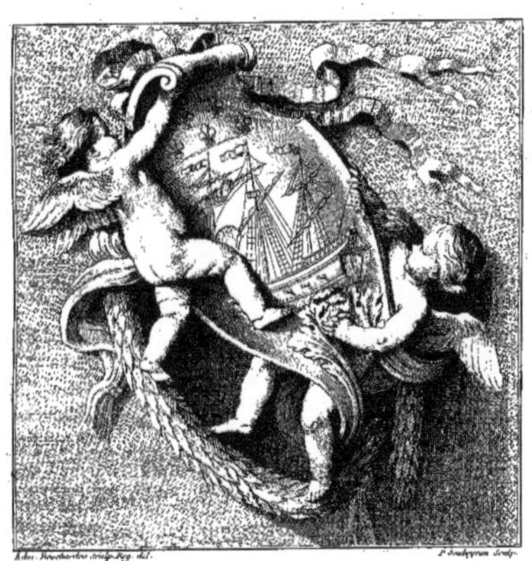

A PARIS,

De l'Imprimerie de P. G. LE MERCIER, Imprimeur-Libraire ordinaire
de la Ville, rue Saint Jacques, au Livre d'Or.

M. DCC. XL.
AVEC PRIVILEGE DU ROY.

DESCRIPTION
DES FESTES
DONNÉES
PAR LA VILLE DE PARIS,

à l'occasion du Mariage de Madame Louise-Elisabeth de France, & de Dom Philippe, Infant & Grand Amiral d'Espagne, les vingt-neuviéme & trentiéme Août mil sept cent trente-neuf.

LE ROY ayant permis aux Prevôt des Marchands, & Echevins de la Ville de Paris, de célébrer par des Fêtes publiques & solemnelles, le Mariage de Madame Louise-Elisabeth, avec l'Infant Dom Philippe ; SA MAJESTE' après avoir approuvé la disposition de la Fête qui devoit se donner sur l'Eau, en fixa le jour au vingt-neuf Août de cette année ; & elle fit espérer qu'Elle l'honoreroit de sa présence.

A

On s'occupa auſſi-tôt des préparatifs d'un Spectacle qu'on vouloit tâcher de rendre digne des regards d'un Roy, à qui ſes Sujets cherchent avec tant d'ardeur à témoigner leur reconnoiſſance, leur zéle & leur reſpect.

Tout fut prêt le vingt-neuf Août au matin.

Mais avant de décrire les différentes parties de cette Fête, il eſt néceſſaire de donner une idée du lieu dans lequel elle devoit ſe repréſenter.

On s'étoit renfermé dans l'eſpace que parcourt la Riviere depuis le Pont-Neuf juſqu'au Pont-Royal. Cette étendue eſt d'environ quatre cens cinquante Toiſes, ſur une largeur proportionnée ; car la Riviere, à la ſortie du Pont-Neuf, a cent cinquante Toiſes de large ; & quoique ſon lit ſe reſſerre peu à peu, elle a encore ſoixante & cinq Toiſes, en entrant ſous le Pont-Royal.

Ce vaſte Canal eſt bordé de Quais ſpacieux & de ſuperbes Edifices, qui compoſent, réunis enſemble, comme les degrés d'un Amphithéatre capable de contenir un Peuple innombrable. Jamais lieu ne fut plus propre à donner le Spectacle d'une grande Fête, & ne produiſit un plus beau coup d'œil.

Le fond de cette agréable perſpective eſt terminé par la vuë du Pont-Neuf, au milieu duquel, & à l'endroit où finit la pointe de l'Iſle du Palais, eſt un corps avancé ſur la Riviere, au-delà de l'alignement du Pont, qui forme une place, ſur laquelle eſt élevée la Statue équeſtre de Henri IV.

C'eſt ſur ce terrein qui a cent dix-huit pieds de largeur, ſur ſoixante & quinze pieds de profondeur, qu'étoit conſtruit le Bâtiment deſtiné pour le Feu d'Artifice. Il en occupoit toute l'étendue ; enſorte que les murs de revêtiſſement de ce terreplain qui ſont en talus, & qui ont trente-neuf pieds de hauteur, à compter depuis le pied du mur, juſqu'à la ſuperficie du ſol, ſervoient de baſe à cet Edifice. Ils lui donnoient un air de nobleſſe & de ſolidité, & une proportion tout-à-fait élégante.

Ce Bâtiment étoit une eſpéce de Temple à la Grecque, ouvert en forme de Périſtyle ou Colonnade, iſolé de toutes parts, & dominant avec avantage ſur tout ce qui l'environnoit. Quatre rangs de Colomnes d'ordre Dorique de quatre pieds & demi de diamétre, & de trente-deux pieds de hauteur, foutenoient ce grand Edifice.

Il y en avoit huit fur la face qui regardoit la Riviere, & huit fur celle qui étoit oppofée à l'entrée de la Place Dauphine ; elles pofoient fur un Stylobate continu, & l'on conçoit par cette diftribution, que le Plan du Temple étoit un quarré long. Les Socles de toutes les Colomnes extérieures étoient liées par des Baluftrades, qui renfermoient le premier Plan.

Le Plat-fond du Temple que portoient les Colomnes, étoit d'une très-grande richeffe. C'étoit un compartiment régulier de Caiffes quarrées, qui renfermoient de grandes Rofes de Sculpture, coupé par des platebandes ornées de Guillochis, dans le goût antique, lefquelles faifoient le deffous des Soffites des Architraves.

Un grand Entablement orné de fes Trygliphes & de fes Mutulles, couronnoit ce premier ordre d'Architecture ; & au-deffus étoit pofée une feconde Baluftrade, interrompue par des piédeftaux, qui portoient des Statues à l'aplomb de toutes les Colomnes extérieures. Ces Figures étoient au nombre de vingt ; & comme elles repréfentoient toutes les Divinités du Paganifme, ce Temple qui étoit confacré à l'Hymen, devenoit une efpéce de Panthéon.

Pour monter fur la Terraffe qu'environnoit cette feconde Baluftrade, il avoit fallu pratiquer deux grands Efcaliers, dans l'intérieur de deux Corps de Bâtiment quarrés, fitués vers les deux extrémités de l'Edifice. Ce que la néceffité avoit exigé, devenoit heureux ; car ces deux Corps d'Architecture difpofés avantageufement, empêchoient que le Temple ne parût percé trop à jour, ils y produifoient un repos qui fatisfaifoit infiniment la vuë ; & d'ailleurs l'on n'avoit rien négligé pour orner les faces de ces Corps d'Architecture auffi richement, que l'ordre qui régnoit dans cette compofition le pouvoit permettre.

Des Pilaftres qui répondoient aux Colomnes placées vis-à-vis, flanquoient chaque encognure. Sur chacune des faces, étoit une niche, avec une Statue fur fon piédeftal ; le cul de Four de ces niches étoit enrichi d'une Coquille ; une Archivolte régnoit au-deffus de leur ceintre, & ces niches étoient encore furmontées par des Médaillons chargés de bas-reliefs.

A l'aplomb des Colomnes intérieures du Temple, s'élevoit fur la Terraffe un Attique, dont les faces étoient décorées d'ornemens & de Figures en bas-relief, renfermées dans de grands paneaux. Une fimple Plinthe couronnoit cet Attique. On y avoit placé fur des Acrotéres, dans les mêmes diftances que les Statues, de grands Vafes environnés de Feftons, & furmontés de flammes. C'eft ainfi que fe terminoit cette grande Machine à quatre-vingt pieds de hauteur, depuis le rez de chauf-fée du Pont-Neuf, & à près de cent vingt pieds, fi l'on y comprend la hauteur du grand maffif de pierre, fur lequel elle étoit affife.

Ce maffif étoit en effet revêtu d'une décoration dans le goût ruftique, qui avoit un tel rapport avec celle du Temple, que l'une paroiffoit avoir été faite pour l'autre. Ce n'étoit qu'une fuite de refends, interrompus par des avant-corps & par de grands arcs, qui, formant autant de bouches d'Aqueducs, fembloient deftinés au paffage des eaux du large Canal de la Riviere.

On trouvera dans les planches qui font jointes à cette Defcription, les mefures en détail des parties de ce Bâtiment. Il étoit compofé dans la plus grande févérité des régles de l'ordre Dorique. Les Colomnes, leurs Bafes, leurs Chapiteaux, l'Entablement, les Baluftres, les Figures, les ornemens, tout, en un mot, étoit entierement de relief. L'on n'avoit emprunté de la peinture qu'une couleur de pierre générale & uniforme, dont on avoit recouvert toutes les matieres qui avoient été employées pour la conftruction de cet Edifice.

Le jour de l'exécution du Feu d'Artifice, on avoit orné tout le tour de ce Temple, de Feftons de Lauriers dorés, qui portoient des Luftres dans toutes les entre-colomnes; ce qui lui donnoit un air de Fête, fans rien détruire de fa noble fimplicité (a).

Une Décoration finguliére, ingénieufement préparée pour l'Illumination qui devoit faire partie de cette Fête, accompagnoit le Temple qu'on vient de décrire. Elle étoit compofée de Pyramides de trente pieds de haut, entremêlées de Piédeftaux qui s'y uniffoient par des Confoles. Cette Décoration colorée en pierre, occupoit à droit & à gauche toute l'étendue du Pont-Neuf, fur le Trotoir duquel elle étoit pofée (b).

(a) Cet Edifice a été conftruit fur les deffeins & mefures du Chevalier Servandoni, de l'Académie Royale de Peinture & de Sculpture.

(b) Cette Décoration a été faite fur les deffeins de Mr Gabriel, Chevalier de l'Ordre de S. Michel, premier Architecte du Roy.

Entre

DU MARIAGE DE MADAME. 5

Entre le Pont-Neuf & le Pont-Royal, précifément au milieu de la Riviere, s'élevoit fur deux Bateaux accouplés, un Salon Octogone, auffi fingulier que magnifique. Les deux Bateaux fur lefquels il étoit conftruit, étoient cachés par des Rochers qui paroiffoient fortir de l'eau. On arrivoit au Salon par huit Efcaliers qui étoient affis fur ces Rochers ; mais ces degrés féparés par huit Piédeftaux qui foutenoient fur chacun des angles de l'Octogone huit Tours de Caftille, conduifoient auparavant à une Terraffe. Cette Terraffe étoit bornée par une Baluftrade, dont les dez étoient chargés de Vafes de différentes formes.

Le Salon occupoit prefque toute la fuperficie de cette Terraffe : Il étoit ouvert de tous côtés par huit Arcades ou Portiques, de vingt & un pieds & demi de haut, féparés par autant de Pilaftres. Toute l'Architecture en étoit peinte en marbre blanc, & étoit enrichie d'une infinité de compartimens variés, & d'ornemens de couleurs différentes, entre lefquels on diftinguoit les figures des Mufes, peintes en Camayeu, fur un fonds de Lapis.

Du ceintre des Arcades pendoient de groffes Lanternes de Toile tranfparente & colorée, fufpenduës à des Guirlandes de fleurs. L'Entablement qui couronnoit ces Portiques, étoit furmonté d'un rang de Lanternes ; & au-deffus de chaque Pilaftre étoit un Vafe, d'où fortoit un Drapeau de Taffetas bleu, fleurdelifé d'or.

Au milieu du Salon s'élevoit une Colomne ifolée, dont le diamétre étoit de cinq pieds & demi, & la hauteur de quarante-quatre pieds. Elle étoit formée par des Lanternes de Toile de couleurs différentes, placées avec fymmétrie, & rangées par étage, depuis le pied jufqu'au fommet de la Colomne. Le Chapiteau de cette Colomne fervoit à porter quatre Tours de Caftille, & du milieu s'élevoit un Piéd'ouche qui foutenoit un Globe de fix pieds de diamétre, peint en bleu, femé de Tours & de Fleurs de Lis : Enfin, du fommet de ce Globe fortoit un grand Drapeau blanc, fleurdelifé d'or, qui terminoit toute la Machine, à quatre-vingt-feize pieds d'élévation.

Cet Edifice d'un goût nouveau, & dont la forme avoit été admirée pendant le jour, ne perdit rien de fa beauté, lorfque la nuit fut furvenuë. Il étoit tout entier de Toile tranfparente , & il fut éclairé intérieurement , par une infinité de lumieres , cachées & diftribuées avec art. Il brilloit alors d'une clarté douce fur laquelle l'œil fe fixoit fans peine , parce qu'il diftinguoit parfaitement les contours & les cou-leurs de la peinture , fans en être ébloui *.

L'intérieur de ce Salon deftiné pour la Mufique , étoit occupé par des Gradins en Amphithéatre , qui s'élevoient de tout fens autour de la Colomne , & fur lefquels étoient placés cent quatre-vingt Muficiens, conduits par les Sieurs Rebel & Francœur.

Dans l'efpace qui étoit entre le Salon de Mufique & le Pont-Neuf, & celui qui étoit entre ce même Salon & le Pont-Royal, paroifloient fur la furface de l'eau huit Monftres marins de trente pieds de pro-portion, les ailes étenduës , la gueule béante , prêts à combattre les uns contre les autres ; leurs yeux étoient enflammés, leurs ailes & les écailles, dont ils étoient couverts, éclatoient des couleurs les plus bril-lantes.

Tels étoient les objets qui occupoient les yeux, avant l'inftant où commença la Fête.

Une des chofes qui contribuoient le plus à animer ce Spectacle , & à le rendre fingulier , étoit le prodigieux nombre d'Echafauds & de Gradins qu'on avoit conftruits des deux côtés de la Riviere : Les uns fur l'eau même , fondés fur des Pilotis ; les autres fur les bas Ports, ou fur le petit efpace de Sable que la Riviere laiffe à découvert au pied des Quais , lorfque les Eaux commencent à baiffer.

Tous ces Echafauds ou Gradins ne laiffoient aucun efpace vuide des deux côtés , depuis le Pont-Neuf jufqu'au Pont-Royal , & ils s'é-levoient jufqu'à la hauteur du Parapet des Quais. Quelques-uns étoient fimplement en Amphithéatre , d'autres étoient difpofés en forme de Loges à plufieurs étages , & tous étoient chargés & remplis d'un nom-bre infini de Spectateurs. La foule qui couvroit les Quais & les deux Ponts étoit encore plus confidérable. L'on eftime qu'il s'eft trouvé à ce Spectacle plus de cinq cens mille perfonnes.

Mais ce qui achevoit, ou pour parler avec plus de vérité & de juf-teffe , ce qui faifoit la véritable magnificence de cette Fête , c'étoit, fans contredit , la préfence Augufte de SA MAJESTE'.

Jamais le ROY ne s'eft fait voir à fon Peuple avec plus de pompe & de grandeur. SA MAJESTE' étoit accompagnée de la REINE, de Monseigneur le Dauphin , de Mesdames de France , & d'une Cour brillante.

On avoit fait choix pour le recevoir de l'Appartement des Bains de la Reine Anne d'Autriche. L'on ne pouvoit defirer un lieu plus convenable , ni d'où l'on pût jouir , d'une façon plus complette , du Spectacle de la Fête. Cet Appartement qui occupe le rez-de-chauffée d'une aile du Louvre , régne fur une des faces de la Terraffe plantée en Jardin , & fe termine par un Cabinet richement décoré , & percé d'une grande Croifée à Balcon , qui a fes vuës fur la Riviere.

De cet endroit, comme d'un centre, l'on découvre, fans aucun obftacle , tout ce qui fe trouve entre le Pont-Neuf & le Pont-Royal.

L'on avoit eu attention que le Salon tranfparent où fe donnoit le Concert, fût placé précifément vis-à-vis de cette Croifée. Le Temple élevé fur le Pont-Neuf , fe préfentoit fur la gauche , & fixoit agréablement la vuë de ce côté-la.

Mais comme le peu de faillie qu'avoit le Balcon de cette Croifée , ne fourniffoit pas un efpace fuffifant , pour y placer avec dignité LEURS MAJESTE'S , Monseigneur le Dauphin , Mesdames , & les perfonnes les plus diftinguées de la Cour ; le ROY chargea M. Gabriel , Infpecteur Général de fes Bâtimens & fon premier Architecte , de changer la difpofition de ce lieu , & de lui en donner une plus commode & plus convenable.

On ne peut rien imaginer de plus noble , de plus magnifique & d'un meilleur goût , que le Thrône qui fut conftruit à cet effet. Il embraffoit toute la façade du Pavillon , contre lequel il étoit élevé , ce qui lui faifoit avoir trente-cinq pieds de longueur , & il s'avançoit en faillie fur le Quay d'environ douze pieds dans la partie du milieu , & de près de huit dans les parties latérales. Depuis le deffus du Pavé jufqu'au fommet de l'amortiffement , on comptoit quarante-huit pieds de hauteur.

L'on avoit donné à ce Thrône la forme d'un Baldaquin. On y étoit à couvert ; & comme il étoit percé de toutes parts , rien ne pouvoit échaper à la vuë des perfonnes qui y étoient placées. Ce qui en faifoit la bafe , étoit un corps d'Architecture , orné de fimples Cadres & de Pilaftres , & revêtu de Marbres de différentes couleurs. Cette bafe s'élevoit quarrément à quinze pieds au-deffus du Pavé , pour gagner le plainpied de l'Appartement.

L'on avoit dreffé à cette hauteur une Plate-forme qui faifoit le plancher du Thrône. Elle étoit bordée dans tout le pourtour par une riche Baluftrade , qui dans la partie du milieu prenoit une forme circulaire , & formoit une faillie d'environ deux pieds , que portoient quatre grandes Confoles de Marbre. L'on avoit menagé cette faillie , afin que la place que le ROY devoit occuper dans ce milieu du Thrône , dominât avec plus d'avantage fur toute la Fête.

Quatre Colomnes de Jafpe d'ordre Corinthien , mais d'une proportion beaucoup plus légere que ne le prefcrivent les régles de l'Art , étoient placées , deux de chaque côté , fur des Piédeftaux , qui interrompoient les Baluftrades. On avoit cru devoir prendre cette licence , afin que la vuë des Spectateurs en fût plus libre , & la nature de la Fête fembloit d'ailleurs l'autorifer. C'étoit dans le même efprit qu'on avoit chargé le fût de ces Colomnes de Guirlandes de Fleurs , qui circuloient tout au tour avec grace , & l'on avoit orné de la même maniere les quatre Pilaftres qui étoient oppofés aux Colomnes , & qui avec elles fervoient à foûtenir le couronnement du Thrône. La compofition , ainfi que la conftruction de ce couronnement , étoient tout-à-fait ingénieufes. Il étoit folidement bâti , & ne paroiffoit porter prefque fur rien.

Les Colomnes étoient couronnées dans les parties latérales par une corniche compofée , & au-deffus étoit un Acrotére portant des vafes ; mais dans le milieu la cimaife de cette Corniche remontoit beaucoup plus haut ; elle prenoit la figure de deux Courbes chantournées , qui ceintrées par leur plan , ainfi que par leur élévation , fe tiroient en avant , en maniere d'Arriere-Vouffure , & fuivant le même aplomb que le Balcon en faillie du milieu , couvroient toute cette partie du Thrône , &

y

y figuroient une efpece de Dais. La réunion de ces deux Courbes fe faifoit par le moyen de deux enroullemens qui embraffoient les Armes du ROY, placées fur un Cartouche aîlé. Un Dôme en amortiffement, & terminé par une Corbeille remplie de Fleurs, s'élevoit audeffus. Il couvroit la partie du milieu du Thrône ; les deux parties latérales l'étoient en terraffe.

Les Platfonds étoient enrichis dans l'intérieur, d'ornemens qui y étoient diftribués avec goût ; & comme la Porte-croifée par où l'on entroit fur ce Thrône eft très-bien décorée, on en avoit laiffé les ornemens apparans : feulement pour les rendre plus riches, & les lier davantage avec le refte de la compofition, on en avoit doré les Sculptures qui font du fameux Sarrazin.

Cette magnifique Ordonnance recevoit un nouvel éclat de la diverfité des Marbres, qui paroiffoient y avoir été employés, & qui étoient peints dans la plus grande vérité. La Dorure fembloit auffi y avoir été prodiguée, quoiqu'on n'en eût mis qu'avec beaucoup d'intelligence dans les endroits qui le demandoient ; mais ce qui ne s'eft jamais fait pour aucune Fête, l'on avoit apporté pour l'exécution de ces Dorures, le même foin, que fi l'Ouvrage eût dû fubfifter longtems. Les Fleurs moulées de relief, étoient peintes au naturel des couleurs les plus brillantes. De riches Tapis de Velours, des Pentes de même étoffe, des Tapifferies de Damas cramoifi, des Rideaux attachés en feftons, relevés par des Galons & des Crépines d'or, fe méloient agréablement avec les ornemens d'Architecture & de Sculpture, & ne contribuoient pas peu à les faire valoir, par l'oppofition de ces divers objets.

Ils ne perdirent rien de leur forme, ni de leur richeffe, lorfque le jour eut fait place à la nuit. On avoit difpofé avec fymmétrie en différens endroits de l'intérieur du Thrône, des Luftres & des Girandoles de Cryftal, qui y répandoient une grande lumiere, à la faveur de laquelle tout s'y diftinguoit avec beaucoup de netteté. Une Ceinture de deux rangs de grandes Terrines remplies de cire blanche avec de groffes méches, qu'on plaça fur le Pavé, dans l'efpace vuide, qu'occupoit la Garde du ROY, & qui s'étendoit depuis le pied du

C

Thrône , jusqu'au Parapet du Quay , produisit le même effet , par rapport à la Décoration extérieure. Ces Terrines formoient autant de gros Falots, qui illuminoient les objets voisins, & les rendoient aussi sensibles qu'en plein jour.

Son Eminence M. le Cardinal de FLEURY qui fut présent à cette Fête , occupoit le Balcon qui termine la Galerie d'Apollon , dans laquelle les Ministres avoient aussi leurs places. Les Seigneurs qui avoient suivi le ROY , & toutes les Dames qui formoient la Cour de la REINE , furent placés sur des Gradins, dans deux grandes Loges couvertes , tenduës de Damas cramoisi , relevé de Galons & de Crépines d'or. On les avoit construites sur la Terrasse, joignant le Cabinet qui communiquoit au Thrône de SA MAJESTE'. On avoit réservé pour cela une enceinte d'environ treize toises de face , & l'on y entroit par une Porte-croisée , qui est sur le flanc de ce Cabinet.

SA MAJESTE' avoit bien voulu céder le reste de la Terrasse à M. le Duc de Gesvres , Gouverneur de Paris, & aux Prevôt des Marchands & Echevins. Ils y firent construire quatorze Loges en forme de Tentes, dont le sommet qui se terminoit en pointe , étoit surmonté d'un Drapeau, & de ce même sommet pendoit un Lustre , pour éclairer chaque Loge pendant la nuit. Elles avoient chacune dix-huit pieds de face , & n'étoient séparées que par des Cloisons à hauteur d'apui. Les Etoffes de différentes couleurs, dont elles étoient revêtues, venoient se mêler, & se festonnoient avec grace autour des Mats, dont ces Tentes étoient soûtenuës.

LE ROY arriva à six heures, & prit place aussi-tôt sur le Thrône qui lui avoit été préparé, avec la REINE, MONSEIGNEUR LE DAUPHIN , & MESDAMES. Les Grands Officiers se placérent derriere leurs Fauteuils , & la nombreuse Cour qui les avoit accompagné, alla occuper les Gradins sur la Terrasse.

A peine LEURS MAJESTE'S parurent, que les acclamations & le bruit confus du Peuple innombrable qui couvroit les Quais & les Rivages, firent place à un silence profond & respectueux ; & le Concert commença.

Les différens morceaux de Symphonie qui furent exécutés, étoient entrecoupés de Fanfares de Cors de Chaffe, & d'airs de Trompettes, & de Tymbales qui fe mêloient auffi quelquefois avec les autres Inftrumens, ce qui rendit ce Concert extrémement varié.

Les Joûteurs qui étoient tout prêts, commencerent auffi leurs Jeux en même tems. Ils étoient féparés en deux Troupes, qui occuperent un affez grand efpace de la Riviere, à droite & à gauche du Salon de Mufique.

Chaque Troupe étoit de feize Joûteurs, vêtus de blanc ; leurs Bonnets & leurs Habits étoient ornés de groffes Touffes de Rubans, & ils avoient de larges Echarpes de Taffetas, dont les unes étoient bleu-clair, & les autres couleur de Cerife. On diftinguoit les Maîtres de la Joûte par la Dorure qui étoit mêlée dans leurs Rubans, & leurs Echarpes. Leurs Lances étoient dorées ; & leurs Bateaux peints de couleurs différentes, étoient conduits chacun par trois Rameurs, dont les Vêtemens blancs étoient auffi garnis de Rubans.

Ces deux Troupes de Joûteurs fe difputerent pendant affez long-tems, & avec autant d'ardeur que d'adreffe, le prix de la Victoire. Ils entremêlerent cependant leurs Jeux de quelques Scenes Comiques, dont ils avoient tâché d'égayer leur Joûte, qu'ils recommencerent toujours avec beaucoup d'ordre. Mais l'obfcurité qui furvint les obligea de ceffer ; & après la proclamation des Vainqueurs, ils allerent tous fe ranger autour du Salon de Mufique.

On vit alors ce Salon devenir peu à peu lumineux, & le Temple qui étoit fur le Pont-Neuf s'éclaira par l'Illumination la plus brillante. Les principales parties de fon Architecture, ainfi que les refends du Maffif qui lui fervoit de bafe, étoient deffinés par des lumieres ; & la Baluftrade fupérieure portoit dans les intervalles des Statues, des Pyramides de Lampions qui couronnoient tout l'Edifice.

On alluma en même tems dans l'intérieur du Temple, entre toutes les Colomnes, des Luftres de quatre-vingt lumieres chacun. Les Pyramides qui bordoient le Parapet du Pont-Neuf, étoient devenues des Pyramides éclatantes. Elles étoient chargées de Lampions, & elles fe terminoient par des Falots dont les flammes fe diftinguoient par leur groffeur finguliere.

L'on éleva pour lors, & dans un feul inftant, le long des deux Quais & fur les deux Ponts, cent quarante Luftres pareils à ceux du Temple. Ils étoient fufpendus aux fupports des Lanternes, qui éclairent ordinairement ces mêmes Quais durant la nuit, & qui feules font un effet fi admirable.

Tandis qu'on travailloit avec vivacité à cette Illumination, on vit déboucher de deffous les Arches du Pont-Neuf, à droite & à gauche du Temple, des Bateaux illuminés, qui defcendoient deux à deux au courant de l'eau, & qui défilerent au nombre de foixante.

Ces Bateaux étoient prefque tous de différentes formes. Il s'élevoit du milieu de chacun d'eux un Mât de treize pieds de haut, auquel étoient attachées, dans quelques-uns, des Vergues difpofées d'une façon variée, & retenues par des Haubans & des Cordages ; dans les autres, les Mâts portoient des Cercles qui formoient avec les Cordages des Pavillons : On en voyoit qui avoient la figure de Bâtimens Levantins, & d'autres de formes Chinoifes, & bizarres. Ces Bateaux peints étoient ornés de Voiles pliées galamment, de Banderoles & de Flammes de différentes couleurs. Toute leur Mâture, leurs Cordages, ainfi que le Bordage des Bateaux, étoient profilés avec des Lanternes de Verre à quatre pans, qui renfermoient des lumieres ; & ces Lanternes étoient tellement ferrées l'une contre l'autre, qu'elles deffinoient avec exactitude les contours & les formes des différens Bateaux. Plufieurs de ces Lanternes réunies & difpofées en grapes couronnoient les Mâts, pendoient aux Vergues, & s'élevoient fur la Proue & fur la Poupe des Bateaux, ce qui formoit autant de Luftres.

Cette Illumination flottante, & à l'abri du vent, tiroit un nouvel avantage de l'éclat du Verre, qui en augmentoit le brillant, ainfi que du reflet de l'eau qui doubloit la quantité des lumieres ; elles montoient pour cette partie feule à plus d'onze mille.

Après que cette Flotte lumineufe fe fut promenée pendant quelque tems fur la Riviere, elle fe divifa, & fe rangea le long des deux bords, dans les Places qu'on avoit affignées à chaque Bateau, & à diftance égale les uns des autres.

L'on n'étoit pas encore revenu de la premiere furprife, qu'avoit

caufée

cauſée la nouveauté de ce Spéctacle, qui décoroit un eſpace im-
menſe; lorſque SA MAJESTE' dit à M. le Duc de Geſvres & à
M. le Prevôt des Marchands, qui avoient l'honneur d'être derriere ſon
Fauteuil, qu'ils pouvoient faire donner le ſignal, pour commencer le
Feu d'Artifice.

Il fut donné par une Gerbe d'Artifice qu'on alluma vis-à-vis le
Thrône du ROY, ſur le bord de la Riviere, & qui étoit placée de
façon, qu'elle pouvoit être vuë de tous les Artificiers.

A ce ſignal l'on mit le Feu à cent Boëtes de Fonte, qui furent
ſuivies d'une décharge des Canons de la Ville. Cette Artillerie étoit
placée ſur le Rivage, au pied du Quai des Orfévres. L'Hôtel Royal
des Invalides y répondit par une décharge de ſon Artillerie.

Le dernier coup de Canon ſervoit de Signal, pour faire partir les
premieres Fuſées volantes.

Comme la diſpoſition du Feu d'Artifice avoit été réglée pour for-
mer ſucceſſivement des objets variés; on en donnera ici l'Ordre, tel
qu'on l'avoit fait imprimer quélques jours auparavant, pour le diſtri-
buer aux Artificiers, afin qu'il fût exécuté avec la préciſion qui devoit
en faire l'agrément & la magnificence.

TROIS CENT FUSE'ES D'HONNEUR.

Elles étoient tirées huit à huit, à diſtance égale, dans toute
l'étenduë du Pont-Neuf.

DEUX CENT CAISSES DE FUSE'ES VOLANTES.

Elles étoient tirées quatre à quatre, à diſtance égale, le long
du Trotoir du Pont-Neuf.

LES CHIFRES D'ARTIFICE.

Ces Chifres étoient ceux de l'INFANT D'ESPAGNE & de
MADAME LOUISE-ELISABETH. Ils avoient neuf pieds de haut,
& étoient exécutés en Feu bleu. On les avoit placés dans les En-
trecolomnes aux deux extrémités du Temple. Ils commencerent
à faire leur effet après les Fuſées d'Honneur, & durerent plus
d'un quart-d'heure.

D

LE COMBAT DES MONSTRES MARINS.

Ces Monſtres étoient chargés de Trompes à feu , Genouillieres, Pots à feu , Serpenteaux, & petites Fuſées volantes.

LE FILET DE GERBES D'ARTIFICE.

La Corniche du Pont-Neuf étoit garnie de ces Gerbes dans toute ſa longueur : Elles y formoient un filet, qui , de diſtance en diſtance , étoit interrompu par des Pyramides de Gerbes , garnies de Pots à Aigrettes.

LES NAPES DE FEU.

On les voyoit ſortir avec tant de rapidité du fond des cinq Arcs qui étoient figurés ſur le maſſif , ſervant de ſocle au Temple ; qu'elles ſembloient être la ſource de tous les Feux qui éclatoient en même tems ſur toute la Riviere. Ces torrens de feu de toute la largeur des Arcades , tomboient en napes de vingt pieds de haut , & leur durée égala celle du Feu.

LE FEU D'EAU.

Il étoit placé dans huit Bateaux, dont quatre de front étoient à quelque diſtance des Arches du Pont-Neuf ; & c'étoit de-là que partoit l'Artifice qui couvroit toute la partie de la Riviere , juſqu'au Salon de Muſique. Les quatre autres Bateaux, placés auſſi de front , à peu de diſtance au-deſſous de ce Salon, fourniſſoient l'Artifice que le cours de l'eau diſtribuoit & entraînoit juſqu'au Pont-Royal.

Ces Bateaux contenoient une grande quantité de petits Tonneaux gaudronnés , qu'on allumoit en les mettant au fil de l'eau, & qui , après en avoir parcouru un certain eſpace , éclatoient avec grand bruit, & jettoient au loin de l'Artifice de toute eſpéce, dont les différentes parties, après avoir fait un premier effet dans l'air & dans l'eau, ſe diviſoient encore , & ſe renouvelloient ſous des formes toutes différentes.

Les mêmes Bateaux fourniſſoient auſſi en même tems & ſans ceſſe une infinité de Gerbes, de Genouillieres ou Dauphins, & de Rouës tournantes fur l'eau, ce qui achevoit d'occuper tout l'efpace du Canal. Quelque rapide qu'ait été le fervice de ce feu, il a duré près d'une demi-heure.

LE CHIFRE DE PIERRERIES.

Les premiers Chifres éteints, celui-ci parut pour durer toute la nuit : il étoit placé dans l'Entrecolomne du milieu du Temple. Ce Chifre & la Couronne Royale, dont il étoit furmonté, avoient vingt-quatre pieds de haut, fur feize de large. Ils étoient figurés par l'affemblage d'une infinité de morceaux de Cryftal taillés à facettes, dont les couleurs différentes étoient difpofées avec art ; enforte qu'au moyen des lumieres qui étoient cachées derriere les Cryftaux, le Chifre & la Couronne paroiffoient en effet de Pierreries.

LE BERCEAU D'ETOILES.

On avoit conftruit au pied du maffif qui portoit le Temple, deux petits Ponts à fleur d'Eau, & en avant dans la Riviere. Ils étoient longs de plus de douze Toifes, paralléles entr'eux, & éloignés l'un de l'autre d'environ dix Toifes. Le long de ces Ponts on avoit mis dans des Caiffes pleines de Sable, des efpeces de Mortiers de carton au nombre de cent foixante. Ils étoient chargés d'une grande quantité d'Etoiles très-brillantes, qu'ils jettoient prefqu'auffi haut que le Temple, & qui pendant un tems affez long formerent avec grand bruit une voûte éclatante.

LE SOLEIL.

Le Centre en étoit placé à la hauteur de l'Entablement du Temple ; fa face avoit huit pieds de diamétre, & le feu en étoit éblouiffant. Les Rayons qui en fortoient de toutes parts avoient trente-deux pieds d'étenduë, enforte que cette machine formoit un Soleil de foixante & douze pieds de diamétre.

LES CASCADES DE FEU.

Elles s'allumerent tout à la fois au nombre de trente-deux. Il y en avoit feize de chaque côté de la Riviere, depuis le Pont-Neuf, jufqu'au Pont-Royal ; leur fommet fe terminoit par de grof-fes Gerbes qui paroiſſoient fournir le Feu de trois Napes qui retomboient par degrés, jufques dans l'eau même, qui en répétoit l'image.

LA GRANDE GIRANDE ET LES DEUX PETITES.

Cette grande Girande étoit d'environ cinq mille Fufées volantes, tirées d'un feul coup de Feu ; elles occupoient tout le plancher de l'Attique du Temple.

Les deux petites Girandes étoient placées fur le Pont-Neuf à droite & à gauche du Temple, dont elles étoient éloignées de trente Toifes, elles contenoient chacune trois cent Fufées volantes. On les avoit ainfi difpofées, pour garnir la naiſſance de la grande Girande avec laquelle elles partoient.

C'eſt par ce feu prodigieux dont le Ciel parut tout à coup embrafé, tandis que l'air étoit ébranlé par une nouvelle décharge d'Artillerie, rapidement fervie, que finit le Feu d'Artifice. L'éclat diſſipé, laiſſa voir plus tranquillement l'Illumination qui dura toute la nuit.

LE ROY & la REINE parurent contens de la fingularité & de la nobleſſe de ce Spectacle. Les Prevôt des Marchands & Echevins, Procureur du Roy, Greffier, & Receveur de l'Hôtel de Ville, préfentés par M. le Duc de Gévres Gouverneur de Paris, eurent enfuite l'honneur de rendre leurs refpects à LEURS MAJESTE'S dans le Cabinet où Elles avoient vû le Feu.

DESCRIPTION

DESCRIPTION DU BAL

DONNÉ A L'HÔTEL DE VILLE,

La nuit du trente au trente-un Août mil sept cent trente-neuf.

E trentiéme Août les Prevôt des Marchands & Echevins donnerent une feconde Fête, dont la magnificence, dans un autre genre, égala celle du Feu & de l'Illumination de la veille.

Ce fut un Bal dans l'Hôtel de Ville, où tout ce qu'il y avoit alors à la Cour & à Paris de Perfonnes de Confidération, fut invité ; mais comme on ne devoit y entrer que Mafqué, on diftribua quelques jours auparavant environ quatorze mille Billets.

Tout s'étant trouvé prêt quelques jours avant celui qu'on avoit deftiné pour le Bal, on donna au Public la fatisfaction d'entrer à l'Hôtel de Ville, & de voir les Préparatifs de cette Fête.

M. le Cardinal de FLEURY en voulut voir auffi la difpofition ; il s'y rendit fur les quatre heures le jour même du Feu fur l'Eau ; il y trouva tous les Miniftres que la même curiofité y avoit amenés. M. le Prevôt des Marchands qui l'attendoit pour le recevoir, avoit fait éclaircr toutes les Sales avec la même quantité de lumieres qui devoient y être la nuit du Bal, & la difpofition du lieu ne reçut pas moins d'éloges que l'élégante magnificence avec laquelle il étoit décoré.

En effet, fans que les Bâtimens fuffent réellement changés, ce n'étoit plus la diftribution que l'on connoiffoit. Cet Edifice étroit & refferré paroiffoit avoir acquis plus d'étenduë ; fon Architecture étoit devenue plus legere ; les Ornemens Gotiques dont elle eft chargée,

E

avoient difparus, & fait place à tout ce que le caractere de cette Fête avoit dû y introduire d'agréable & de magnifique : Enfin, la Cour qui divife les parties intérieures de ce Bâtiment, étant changée en un Salon vafte & fuperbe, donnoit à toutes les piéces qui le compofent, de nouveaux Ufages, & pour ainfi dire une nouvelle forme.

Le Plan de cette Cour eft fingulier: fa longueur eft de quatorze Toifes ; elle n'en a que neuf de large vers fon entrée, & dans le fond fa largeur fe trouve être de douze.

Ce Plan devenoit par conféquent celui du Salon ; mais cette fingularité n'avoit rien de défagréable, foit que l'exacte fymmétrie de l'Architecture réparât cette bizarrerie, foit que l'immenfité du lieu la rendît moins fenfible ; car s'il étoit vafte & noble par l'étenduë de fa fuperficie, il ne le paroiffoit pas moins par fa hauteur, qui comprenant deux Etages, s'élevoit à quarante-deux pieds, depuis le plancher jufqu'au platfond.

Comme il étoit deftiné pour être la principale piéce du Bal, on y avoit établi fur le Pavé un Plancher folide, parfaitement uni & très-bien joint. La Décoration de ce Salon confiftoit en deux Ordres de Colomnes placés l'un fur l'autre ; le premier Ionique, & le fecond Corinthien, couronnés chacun de leur entablement. L'on s'étoit fervi de la Décoration même des façades qui environnent la Cour ; une Décoration feinte, quelque bien imaginée qu'elle puiffe être, ne pouvant jamais égaler la Nobleffe impofante de la réalité : D'ailleurs, la Peinture, les nouveaux ornemens de Sculpture, la richeffe de l'Emmeublement, lui donnoient une face entierement nouvelle.

Toute l'Architecture étoit peinte en Marbre ; tous les nuds des Murs l'étoient en Marbre blanc-veiné, les Colomnes & la Frife du premier Ordre en Verd de Campan clair, & les Socles en Bréche grife. Les Colomnes du fecond Ordre, la Frife de leur Entablement, & les Plates-bandes qui fervent de bandeaux aux Croifées du premier Etage, étoient peintes en Bréche violette.

Les Chapiteaux & les Bafes, toutes les Moulures des Entablemens, les Impoftes, les Archivoltes, & les Clefs des Arcades, les Ornemens introduits dans les Frifes, en un mot, toutes les parties faillantes étoient entiérement dorées. Les Timpans des Arcades de l'Ordre inférieur étoient occupés par des Médaillons dans lefquels les Chifres du Prince & de la Princesse étoient fculptés & dorés fur un fond de Lapis.

La bafe de chaque Colomne du premier Ordre étoit reliée avec le Socle par une Agrafe, dont l'enroulement foûtenoit une figure d'Enfant qui tenoit un Flambeau d'Hymen, dont les flammes formoient les branches d'une Girandole qui portoit neuf lumieres en pyramide : ces lumieres paroiffoient embraffer la Colomne vers le milieu de fa hauteur ; d'autres Girandoles à cinq branches, placées à droite & à gauche dans les embrâfemens des Arcades, fe réuniffoient à celle du milieu, & fe deffinoient avec elle. De la bafe des Colomnes du fecond Ordre naiffoit un ornement en forme de Scabellon, qui foûtenoit un Vafe, d'où fortoient plufieurs Tiges de Lys, qui formoient encore enfemble une Girandole à neuf branches, difpofées pyramidalement. Cette Girandole étoit accompagnée comme celle de l'Etage inférieur, de deux autres à cinq lumieres, qui fe grouppoient avec celle du milieu.

Pour couronner les deux Ordres d'Architecture qu'on vient de décrire, l'on avoit mis fur le dernier Entablement une Baluftrade de Marbre, interrompuë par des Piédeftaux, qui portoient à l'aplomb de toutes les Colomnes de grands Vafes dorés, d'où fortoient alternativement des Orangers & des Rofiers ; des Guirlandes de Fleurs naturelles attachées à ces Vafes, retomboient en Feftons fur la Baluftrade.

Ces différens objets étoient peints fur une Toile qui fe réuniffoit à celle qui formoit horizontalement le Platfond du Salon, & fur laquelle on avoit repréfenté un Ciel ferein, que quelques nuages clairs rendoient encore plus lumineux *.

Dans la Galerie ouverte que forment les Arcades du premier Ordre, on avoit conftruit un Amphithéatre de quatre rangs de Gradins ; ils étoient couverts d'une Etoffe cramoifie & or, qui tapiffoit, non feulement le fond de ces Gradins, mais jufqu'au Lambris qui leur fervoit de Platfond.

---

* Il n'eft pas inutile de rendre compte ici des précautions qu'on avoit prifes pour mettre ce Salon parfaitement à l'abri des intempéries de l'air. On avoit tendu au plus haut des combles un Cable de quatre pouces de diamétre, qui traverfoit toute la Cour ; il étoit foulagé dans fon milieu par deux Cordages attachés ; l'un, au fommet de la Tour de Saint Jean ; l'autre, au Campanile de l'Horloge de l'Hôtel de Ville. On avoit établi fur ce Cable une efpece de Filet de cordes très-fortes, difpofé en forme de Toit, dont les différentes pentes aboutiffoient aux Chefncaux de plomb qui reçoivent les Eaux des combles qui environnent cette Cour. Ce nouveau Toit étoit couvert d'une Toile cirée & goudronnée, extrémement tendue & également impénétrable au vent & à la pluie, comme on eut lieu d'en faire plufieurs fois l'expérience ; mais la férénité de l'air ne mit pas à l'épreuve, pendant la nuit du Bal, des précautions auffi effentielles,

Indépendamment de l'accès que l'ouverture de chaque Arcade donnoit aux Gradins, on avoit laissé au niveau du plus élevé, un espace en forme de Corridor, qui leur servoit de dégagement, & par où se faisoit encore avec beaucoup d'ordre, le service des rafraichissemens. On y montoit par différens petits Escaliers pratiqués aux extrémités de cet Amphithéatre ; & au-dessous de ce même Corridor en étoit un autre, par lequel on communiquoit à plusieurs piéces qui avoient été réservées pour servir de Garderobes. Les Arcades entre lesquelles régnoit cet Amphithéatre, étoient encore enrichies de Rideaux d'Etoffe cramoisie, bordés de Gaze d'or, qui, relevés vers l'Imposte avec des Cordons d'or, se festonoient dans l'épaisseur des Trumeaux.

Les Croisées du second Ordre étoient aussi meublées de leurs Rideaux, bordés de demi-Lez de Gaze d'or, festonés comme ceux des Arcades, & cet Emmeublement ajoutoit infiniment à la magnificence & à la richesse de ce vaste Salon, qu'indépendamment des cent soixante-quatre Girandoles dont on a parlé, éclairoient encore cinquante-deux Lustres de Crystal à douze Branches, placés dans toutes les Arcades du premier Ordre, & dans toutes les Croisées du second ; ils y étoient suspendus par des Guirlandes de Fleurs relevées en festons dans le ceintre des Arcades.

L'Orchestre étoit placé dans le fond du Salon en face de la porte d'entrée ; c'étoit un Gradin en saillie qui occupoit trois Arcades ; ce Gradin étoit renfermé par une Balustrade dorée, portée par un Socle de Marbre de six pieds de haut, & il contenoit quatre-vingt Musiciens.

Cette Décoration tiroit encore un avantage singulier de la disposition des lumieres qui, dans ce Salon, étoient au nombre de plus de dix-sept cens. Leur quantité formoit le jour le plus éclatant, & leur distribution agréable aux yeux le répandoit avec une parfaite égalité sur tous les objets.

Quoique le Salon qu'on vient de décrire, dût être regardé comme le vrai lieu du Bal, on ne s'étoit pas cependant attaché à décorer les autres piéces moins singuliérement.

Elles consistoient principalement en deux grandes Sales au premier Etage ; l'on pouvoit y monter par plusieurs Escaliers : mais le principal qui se présente à droite, lorsqu'on entre dans l'Hôtel de Ville, s'annonçoit par une Illumination particuliére. Il conduisoit directement à la

Grande Sale,

Grande Sale, qui étoit entiérement tapiſſée d'Etoffe jaune, renfermée dans des Cadres de Gaze d'argent : Les Trumeaux, au nombre de ſeize, tant ceux qui ſont réellement entre les Croiſées, que ceux qui avoient été feints vis-à-vis, pour orner la Sale avec ſymmétrie, étoient décorés dans un goût tout-à-fait nouveau.

Toute la hauteur de ces Trumeaux étoit occupée par une Tige d'ornemens exécutés en Moire d'argent, découpée & appliquée ſur la Tapiſſerie. Cet ornement figuroit un grand Candelabre, d'où ſortoient ſix Girandoles de Cryſtal de Roche, à cinq branches, dont les lumieres formoient une Pyramide qui s'élevoit juſqu'au Platfond.

La friſe qui régne autour de cette Sale au-deſſus des Croiſées, étoit diviſée par Panneaux, dont les Moulures étoient deſſinées en Gaze d'argent, & les milieux chargés des Chifres du Prince & de la Princesse, découpés en Moire d'argent, & reliés de l'un à l'autre par des Feſtons de même Moire.

Toutes les Croiſées, tant réelles que feintes, étoient meublées de Rideaux jaunes & argent, relevés & feſtonés le long des Trumeaux. Aux deux extrémités de cette Sale, tant du côté de l'Orcheſtre où étoient placés cinquante Muſiciens, qu'à l'extrémité oppoſée, s'élevoient quatre Guéridons jaunes & argent, qui ſoûtenoient des Pyramides de ſix pieds de haut, chargées chacune de vingt-cinq Bougies. Seize Luſtres de Cryſtal à douze branches, diſpoſés en deux rangs, achevoient d'éclairer cette Sale, dont les Lumieres montoient à plus de ſix cens. On avoit élevé le long des Murs des Gradins à deux & à trois rangs, couverts des mêmes Etoffes dont la Sale étoit meublée.

La ſeconde Sale étoit décorée à peu près dans le même goût & avec la même magnificence ; mais tous les Ornemens en étoient d'or, ſur un fond bleu.

Le reſte des Appartemens, des Corridors, des Paſſages & des Sales deſtinées aux Rafraichiſſemens, étoit meublé des plus belles Tapiſſeries, & éclairé par un nombre infini de Luſtres & de Girandoles.

On avoit réſervé ſix grandes piéces pour les Buffets, dont deux au rez de Chauſſée, & quatre dans l'Etage ſupérieur. Chacune de ces piéces étoit diviſée en deux parties. La premiere étoit libre pour l'entrée & la ſortie des Maſques qui vouloient approcher des Buffets ; la partie du fond

F

étoit féparée de la premiere par une efpéce d'Arcade formée par des Rideaux d'Etoffe, enrichis d'or, relevés & foûtenus par des Guirlandes de fleurs. On voyoit dans l'enfoncement les Buffets qui s'élevoient jufqu'au Platfond. Une partie de ce qui étoit deftiné pour la Collation, y étoit rangé avec ordre fur une infinité de Tablettes difpofées en Gradins. Le mélange des Fruits, des Cryftaux & des Lumiéres décoroit d'une façon agréable cette partie de la piéce, dont une Table longue défendoit l'entrée. Derriere cette Table, un grand nombre d'Officiers s'empreffoient à fervir aux Mafques tout ce qu'ils pouvoient defirer en Viandes, Patifferies, Fruits, Vins, Glaces & Liqueurs.

La confommation fut auffi grande qu'on l'avoit heureufement prévû. Il fuffira, pour en donner une idée, de remarquer qu'on y diftribua quinze mille Pêches, & autant de Taffes de Glaces; & cependant ce fut l'efpéce de rafraichiffement dont on confomma le moins.

L'empreffement du Public, pour fe trouver à cette Fête, mit dans la néceffité d'ouvrir les Portes avant dix heures. A peine les Mafques qui attendoient depuis quelque tems dans leurs Caroffes, furent-ils entrés, que le Bal commença; il fut ouvert par M. le Duc de Gévres Gouverneur de Paris, & Mademoifelle Turgot, Fille de M. le Prevôt des Marchands. Il eft difficile d'exprimer quelle fut bientôt après la beauté de ce Lieu magnifique, lorfqu'il fut habité par la prodigieufe multitude de Mafques qui s'y répandirent. Tous les Gradins en furent remplis dans un inftant, de même que les Croifées de l'Etage fupérieur, où ils étoient affis fur des Carreaux de Velours, qu'on y avoit mis exprès. La diverfité des Habits, le brillant éclat des Pierreries, un mouvement vif, qui, variant fans ceffe les Objets, fembloit les multiplier; l'Harmonie d'un Orcheftre nombreux que les Tambourins rendoient & plus vive & plus gaye, animerent & augmenterent tellement les beautés de ce Spectacle, qu'il faut néceffairement l'avoir vû, pour en concevoir une jufte idée.

Le Bal ne finit qu'à huit heures du matin, & l'on y remarqua, entre autres chofes, que par le bon ordre établi dans toutes les avenues de l'Hôtel de Ville pour l'arrangement & le mouvement des Voitures, chacun entroit & fortoit à fon gré, fans embarras & fans être obligé d'attendre un inftant.

L'intérieur du Bal ne fut pas moins tranquille; tout s'y paffa avec une décence infinie, & nul accident ne troubla cette heureufe Fête.

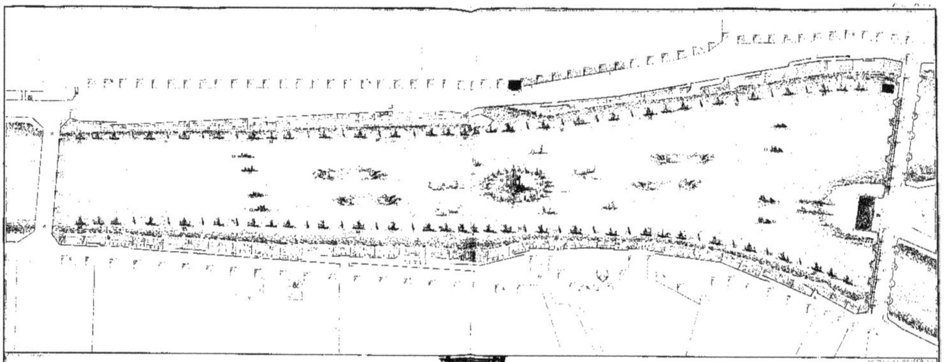

PLAN GENERAL ET GEOMETRAL DE LA PARTIE DE LA RIVIERE DE SEINE PRISE ENTRE LE PONT NEUF ET LE PONT ROYAL

ou l'on voit l'ordre et la disposition de la Feste donnée par la Ville de Paris le 29 Aoust 1739 a l'occasion du Mariage de Madame Louise-Elizabeth de France et de Dom Philippe Infant d'Espagne

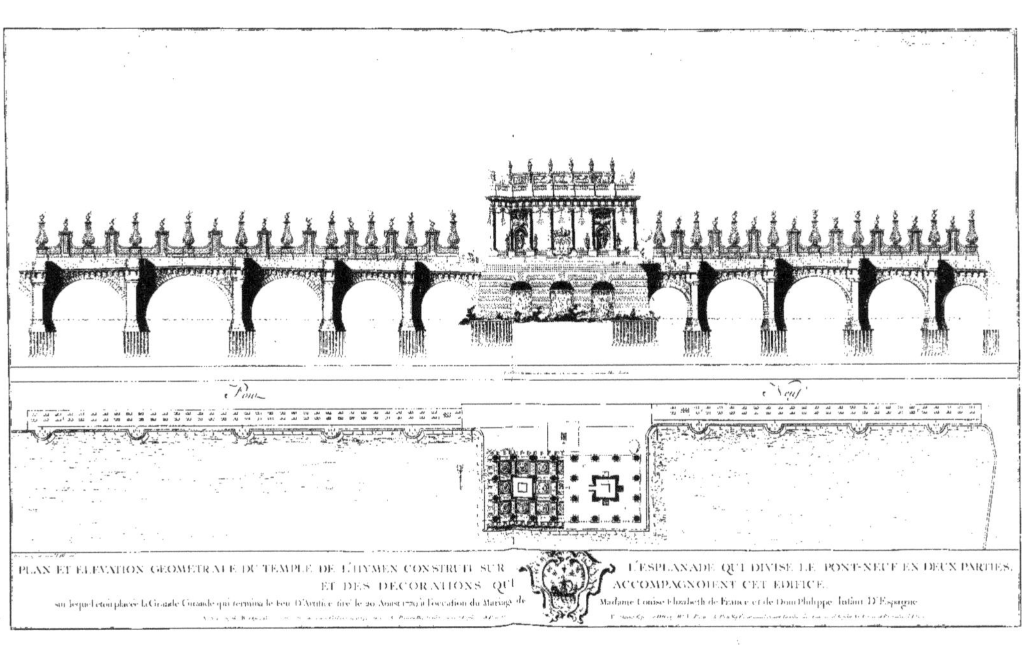

PLAN ET ELEVATION GEOMETRALE DU TEMPLE DE L'HYMEN CONSTRUIT SUR L'ESPLANADE QUI DIVISE LE PONT-NEUF EN DEUX PARTIES,
ET DES DECORATIONS QUI ACCOMPAGNOIENT CET EDIFICE.

sur lequel etoit placée la Grande Girande qui termina le Feu D'Artifice tiré le 20 Aoust 1739 à l'occation du Mariage de Madame Louise Elizabeth de France et de Dom Philippe Infant D'Espagne

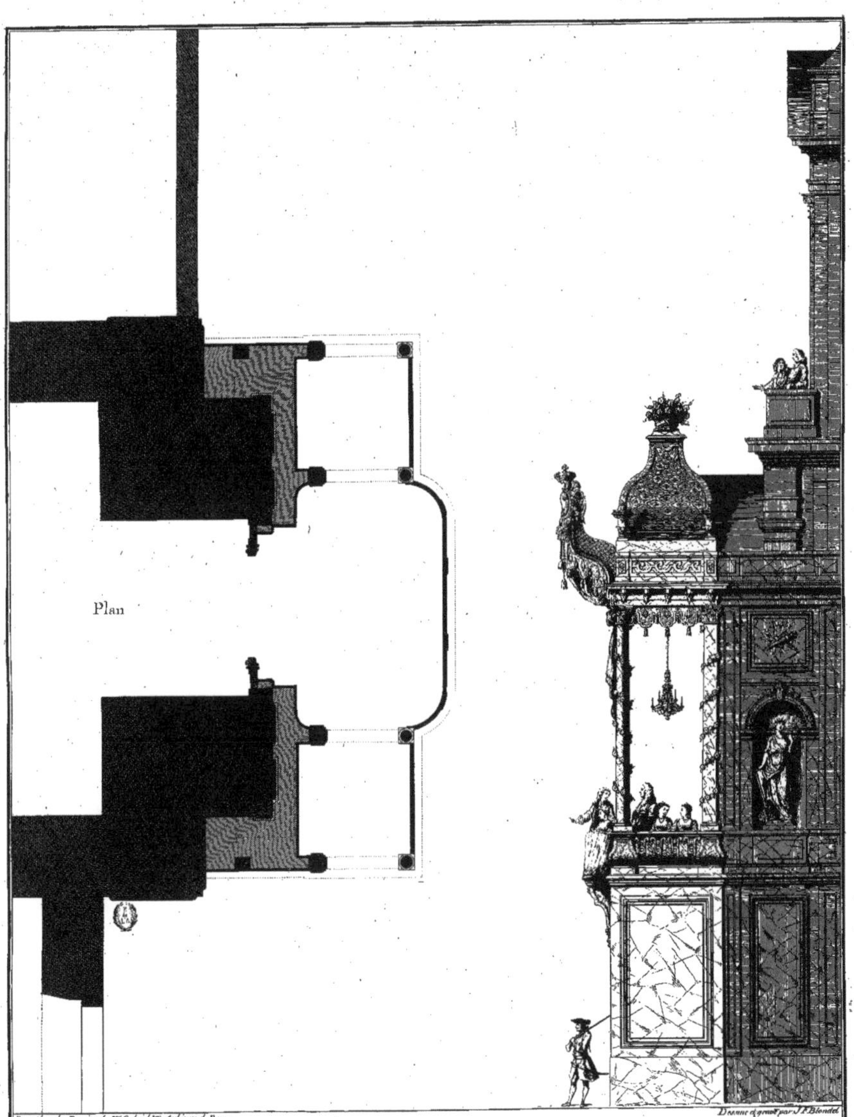

PLAN ET PROFIL DU TRÔNE CONSTRUIT POUR LEURS MAJESTÉZ LE 29 AOUST 1739 JOUR DE LA
FESTE DONNÉE PAR LA VILLE DE PARIS,

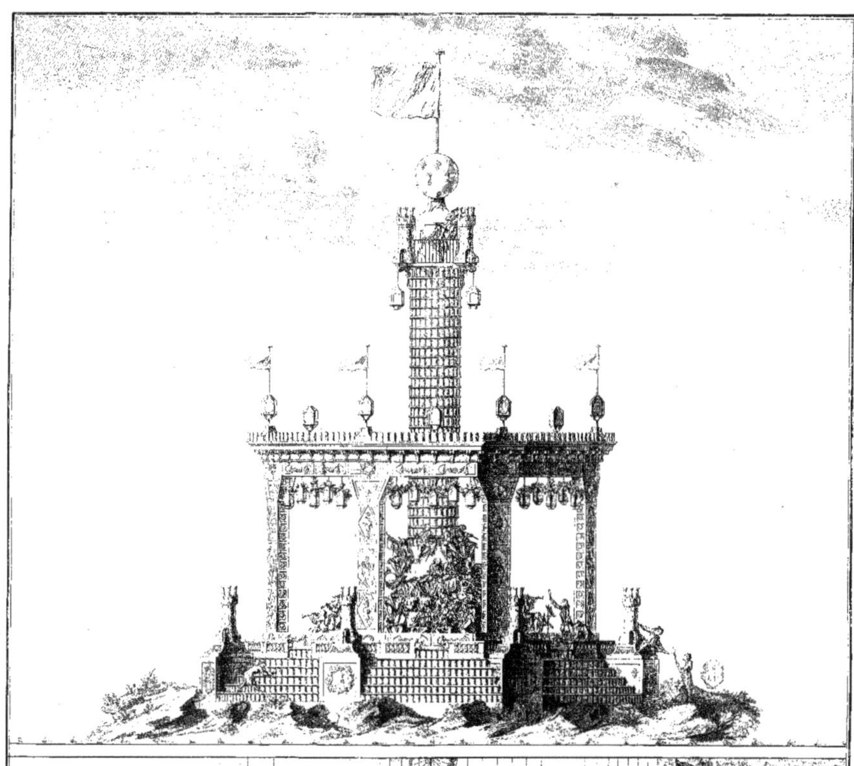

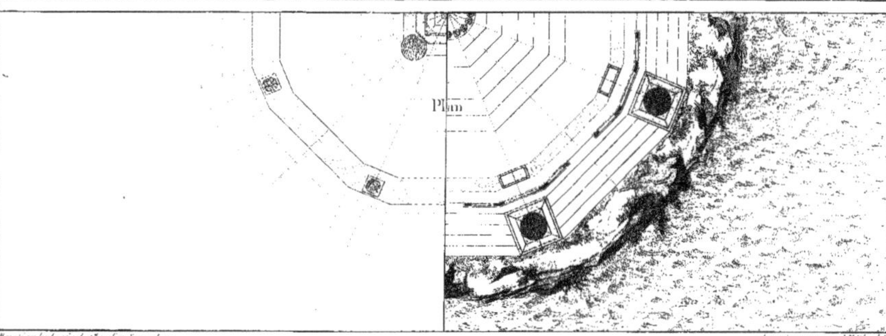

PLAN ET ELÉVATION GEOMÉTRALE DU SALLON DE MUSIQUE CONSTRUIT
en transparens eclairés interieurement.

Ce Sallon étoit elevé sur la Riviere, entre le Pont Neuf, et le Pont Royal, et vis à vis le Trone de leurs Majestez il faisoit une partie, de la feste donnée par la Ville de Paris le 29 Aoust 1739 à l'occasion du Mariage de Madame Louise Elizabeth de France, et de Dom Philippe Infant d'Espagne.

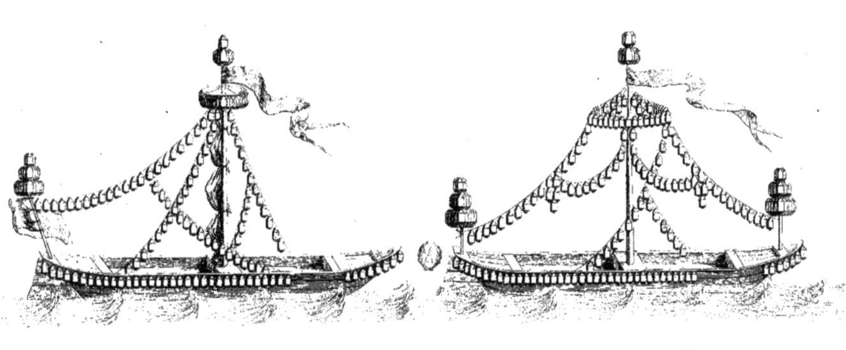

DESSEIN DES DIFFERENTS PETIT BATEAUX QUI BORDOIENT LA RIVIERE
DE SEINE ENTRE LE PONT-NEUF ET LE PONT ROYAL.

la nuit de la Feste donnée par la Ville de Paris le 29 Aoust 1739 à l'occasion du Mariage de Madame Louise Elizabeth de France et de Dom Philippe Infant d'Espagne.

Ces Bateaux étoient construits en forme de Navires composés de Lanternes de Verre et ornés de Mats, et de Voilles, et de Pavillons de diverses Couleurs.

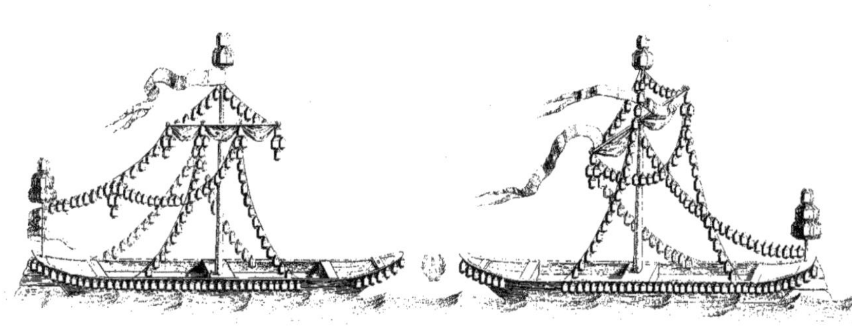

DESSEIN DES DIFFERENTS PETITS BATEAUX QUI BORDOIENT LA RIVIERE

DE SEINE ENTRE LE PONT-NEUF ET LE PONT ROYAL.

la nuit de la Feste donnée par la Ville de Paris le 29 Aoust 1739 à l'occasion du Mariage de Madame Louise Elizabeth
de France et de Dom Philippe Infant d'Espagne.

Ces Bateaux étoient construits en forme de Navires composés de Lanternes de Verre et ornés de Mats, de Voiles, et de Pavillons de diverses Couleurs.

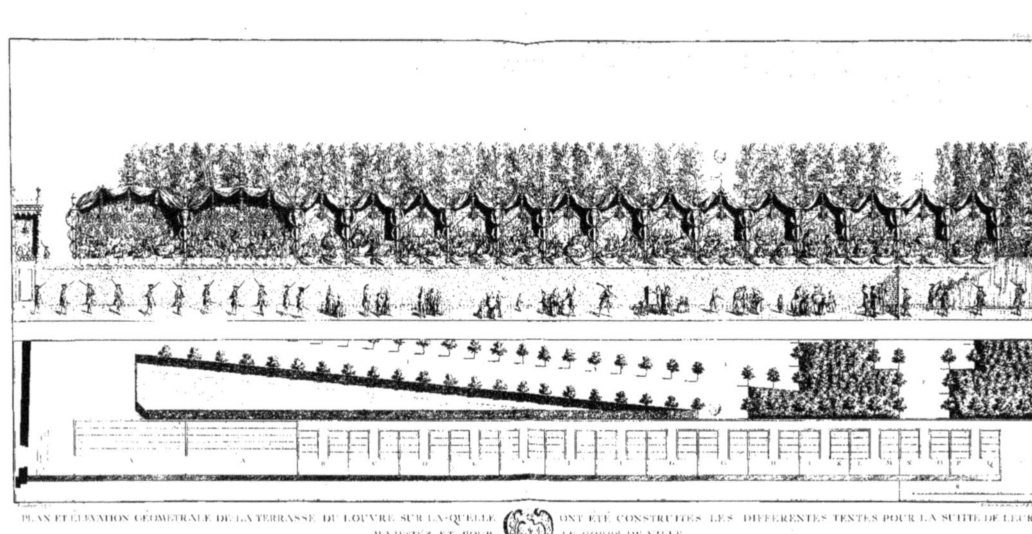

PLAN ET ELEVATION GÉOMETRALE DE LA TERRASSE DU LOUVRE SUR LA-QUELLE ONT ÉTÉ CONSTRUITES LES DIFFERENTES TENTES POUR LA SUITTE DE LEURS
MAJESTÉZ ET POUR LE CORPS DE VILLE.
a l'occasion du Mariage de Madame Louise Elisabeth de France, et de Dom Philippe Infant D'Espagne le Vingt Neuf Aoust Mil Sept Cent Trente Neuf.

VEUE GÉNÉRALE DES DÉCORATIONS, ILLUMINATIONS ET FEUX D'ARTIFICE, DE LA FESTE DONNÉE PAR LA VILLE DE PARIS
sur la Riviere de Seine en préfence de leurs Majestés le Vingt Neuf Aoust Mil Sept Cent Trente Neuf a l'occafion du Mariage de Madame Louise Elizabeth
de France, et de Dom Philippe Infant d'Espagne.

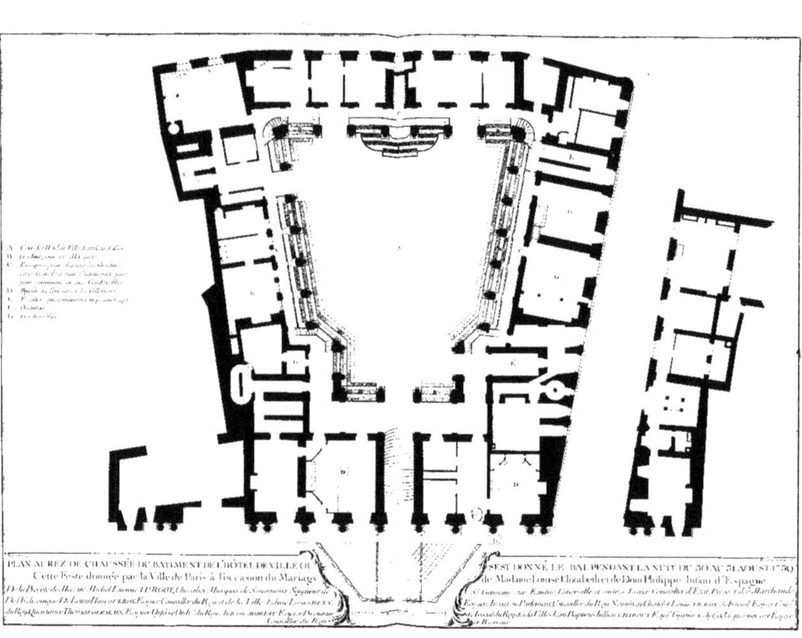

PLAN AU REZ DE CHAUSSÉE DU BATIMENT DE L'HÔTEL DE VILLE OU
Cette Feste donnée par la Ville de Paris à l'occasion du Mariage
S'EST DONNÉ LE BAL PENDANT LA NUIT DU 30 AU 31 AOUST 1750
de Madame Louise Elizabeth et de Don Philippe Infant d'Espagne

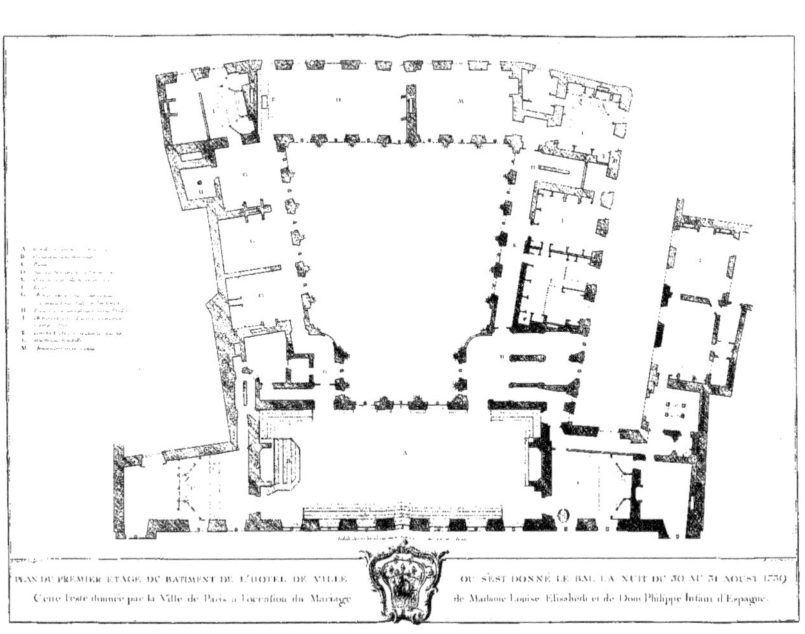

PLAN DU PREMIER ETAGE DU BATIMENT DE L'HOTEL DE VILLE
OU S'EST DONNÉ LE BAL LA NUIT DU 30 AU 31 AOUST 1739
Cette Feste donnée par la Ville de Paris à l'occasion du Mariage
de Madame Louise Elisabeth et de Dom Philippe Infant d'Espagne.

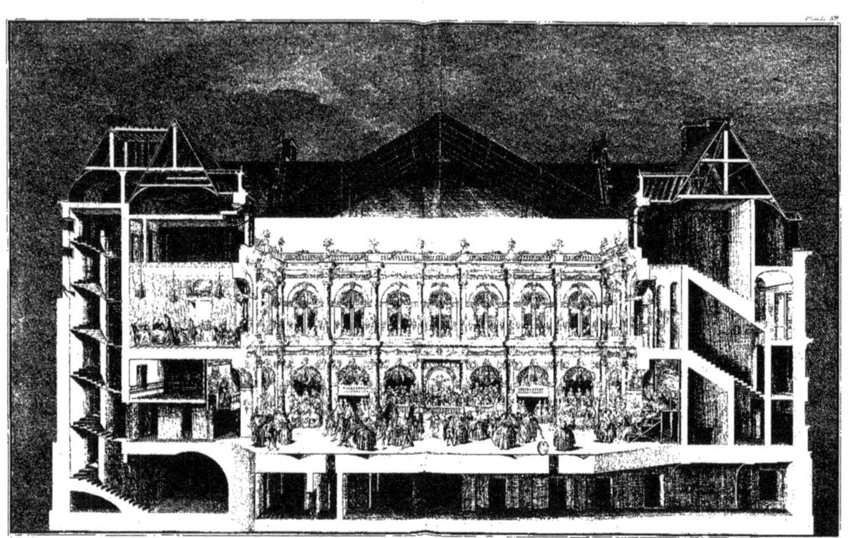

COUPE DU BATIMENT DE L'HÔTEL DE VILLE VEU EN PERSPECTIVE SUR SA LARGEUR OU SONT RÉPRÉSENTÉES LES
DÉCORATIONS ET ILLUMINATIONS DE LA COUR OU S'EST DONNÉ LE BAL LA NUIT DU XXX AU XXXI AOUST MDCCXXXIX

Cette Feste Donnée par la Ville de Paris a l'occasion du Mariage de Madame Louise Elizabeth de France et de Dom Philippe Infant d'Espagne

COUPE DU BATIMENT DE L'HÔTEL DE VILLE VEU EN PERSPECTIVE SUR SA LONGUEUR OU SONT RÉPRÉSENTÉES LES DÉCORATIONS ET ILLUMINATIONS DE LA COUR ET DES SALLES OU S'EST DONNÉ LE BAL LA NUIT DU XXX AU XXXI AOUST MDCCXXXIX

Cette Feste donnée par la Ville de Paris a l'occasion du Mariage de Madame Louise Elizabeth de France &c. de Dom Philippe Infant d'Espagne

www.ingramcontent.com/pod-product-compliance
Ingram Content Group UK Ltd.
Pitfield, Milton Keynes, MK11 3LW, UK
UKHW021001230726
13924UKWH00009B/941